AF498185

LES PLAISIRS TROVBLEZ.

Mascarade.

Dansé deuant le Roy par Monsieur
le Duc de Guise.

A PARIS,
Par ROBERT BALLARD, seul Imprimeur du Roy
pour la Musique.

M. DC. LVII.

LES PLAISIRS
TROVBLEZ.
Mascarade.
PREMIERE PARTIE·
RECIT.

VNe trouppe des plus habilles Muſiciens re-
uenans enſemble du Ballet du Roy, pro-
poſent de ſe diuertir entre-eux , & pour
ſurprendre plus agreablement leur voiſi-
nage ſe rendent chez *Fortier* & *Bourgeois*
qui leurs preſtent des habits de Maſques :
Dont afin d'eſtre moins cogneus le Sieur
LE GROS ſe déguiſe ſous l'habit du
PLAISIR : le Sieur *Donc* l'aiſné ſous celuy du BONTEMPS :
Les Sieurs *De Mollier*, *Tiſſu*, *Vincent*, *Itier*, *Couprain*, *Gar-*
nier, *Martin*, *Beauchamps*, & *Donc* le cadet, ſous les habits
DV IEV & autres ſes ſuiuants, & en ce plaiſant equipage vont
donner vne Serenade aux Belles de leur quartier & chantent,

LE PLAISIR à Philis.

EN *vain ay-je entrepris dans ce déguiſement,*
Sous l'habit du Plaiſir de vous cacher mes peines.

LE BONTEMPS à Diane.

De celuy du Bontemps je couure icy mes gehenes,
Mais las ! cette contrainte augmente mon tourment.

A ij

4

Lᴇ Pʟᴀɪsɪʀ au Bontemps.

Tous deux infortunez? Dieux qu'auons-nous à faire?

Lᴇ Bᴏɴᴛᴇᴍᴘs au Plaisir.

Souspirer & mourir ayant le sort contraire.

Tous deux ensemble.

Nous qui par nos Chansons plaignons les maux d'autruy,
Nous mesmes par nos chants plaignons-nous aujourd'huy.

Lᴇ Pʟᴀɪsɪʀ.

Non ,non, feignons plustost par quelque indifferenci
De rompre les liens de la perseuerance :
Chantons cet Air nouueau qui fut fait l'autre jour
Pour vn certain Galland peu constant en amour.

Lᴇ Bᴏɴᴛᴇᴍᴘs.

C'est l'vnique moyen d'adoucir nos rebelles ,
Commence, & soyons fiers puisqu'elles sont cruelles.

Lᴇ Pʟᴀɪsɪʀ à sa Belle,

¡CHANSON.

Qᴠe l'on viuroit heureusement
En vous aymant,
Si vous estiez moins inhumaine :
Mais il vous faut vn autre Amant ;
Pour moy je crains estrangement
Tous les plaisirs qui donnent tant de peine.

Tous deux ensemble.

Quoy donc ? languir incessamment
Dans le tourment,
Sur vne esperance incertaine,
C'est nous traitter trop rudement
Et nous quittons facilement
Tous les plaisirs qui donnent tant de peine.

A peine

A peine ont-ils commencé ce diuertiſſement, qu'ils ſont inter-rompus par

PREMIERE ENTRE'E.

QVatre Lacquais, qui naturellement peu compatibles auec la tran-quilité de cette ſorte de plaiſirs, leur font vne querelle, & à coups de pelotes de neiges les contraignent de prendre la fuite ; bien-heureux d'en eſtre quittes à ſi bon marché.

Les Sieurs Reynal, Du Pron, la Marre, & Degan, repreſentans *les Lacquais*.

NOſtre corps n'eſt point arreſté,
Il eſt toujours en exercice,
Celles à qui nous rendons ſeruice
Ayment noſtre legereté.

Nous ne nous battons plus auec de noirs deſſeins,
Et nous auons ce priuilege,
Sans allumer du bois de nous chauffer les mains,
Et trouuer du feu dans la neige.

Mais pendant que ces quatre Frippons ſe réjoüiſſent entr'eux d'a-uoir ainſi troublé le plaiſir des autres, ils ſont payez de la meſme mon-noye par

II. ENTRE'E.

LEur Maiſtre, qui outré de colere de ſe voir ainſi abandonné de ſes Valets, leur apprend par vne harangue au genre demonſtratif, de ſe rendre deſormais vn peu plus aſſidus à ſon ſeruice.

Le Sieur Beauchamp repreſentant *le Maiſtre*.

MOn train eſt aſſez leſte,
Et je ſuis aujourd'huy
Sans chagrin, ſans ennuy,
J'ay du plaiſir de reſte ;
La fortune me rit,
Et chacun me cherit,
Je vis dans l'opulence ;
Mais apres le Ballet,
Adieu la difference
Du Maiſtre, & du Vallet.

III. Entre'e.

QVatre Escoliers au retour de l'escole croyans estre dans vn lieu fort esloigné de la portée des yeux, & des soins de leur Pedant, se mettent à joüer au lieu d'employer le temps à l'estude.

Les Sieurs Bonart, Broüart, Chaudron, & Varin, representans *les Escolliers*.

NOus ne deuons pas estimer
La science Pedante incertaine & friuole,
Bien-tost nous apprendrons ce que c'est que d'ayme:
Les ruëlles des licts nous seruiront d'escole.

IV. Entre'e.

ILs ne quitteroient pas si-tost cette occupation, sans la surprise de leur Pedant dont la mine leur glace le cœur, & change ce moment de joye en pleurs, & en la douleur qui a accoustumé de suiure ce plaisant libertinage.

Le Sieur Doliuet representant *le Pedant*

SI ie viens rudement condamner vos desirs
Cette mauuaise humeur ne vous doit pas surprendre,
Il est bien naturel de troubler les plaisirs
Alors que l'on n'est plus en estat de les prendre.

V. Entre'e.

TRois Seruantes se réjoüissent d'auoir ferré la Mule, & faisant ensemble leur Mardy-gras, s'entretiennent des moyens d'augmenter les profits d'vn si doux mestier.

Les Sieurs Feburier, la Pierre, & Sibert, representans *des Seruantes*.

NOus concertons icy nostre rolet
Pour tondre vne Maistresse auare & ridicule,
Et nous ferrons souuent la Mule
En gardant le Mulet.

VI. Entre'e.

ELles en sont encor à la premiere santé, lors qu'elles apperçoiuent vne vieille dagorne leur Maistresse, qui aduertie de ce beau commerce par les espions & les sçauantes de la halle, leur demande compte,

& leur fait rendre ce qu'elles penſoient auoir ſi bien & ſi dignement gaigné.

Le Sieur De Lorge, repreſentant *la Vieille.*

CHez moy leurs comptes ſont menteurs,
Pour bien ferrer la Mule elles ſont trop ſçauantes,
Du vol que me font mes Seruantes
Ie me ferois des Seruiteurs.

VII. ENTRE'E.

TRois Galants & trois Coquettes croyans s'eſtre heureuſement dérobez àux yeux & à la perſecution de leurs obſeruateurs, & s'eſtre ſuffiſamment precautionnez contre les ſoins des ennemis de leur felicité, gouſtent paiſiblement les douceurs de leur amoureuſe intelligence.

Meſſieurs d'Heureux, la Valée, le Feure, Boncour, & les Sieurs Mongé, & Thoury, repreſentans *les Galands & Coquettes.*

NOus auons pour raiſons ſecrettes
Grand credit parmy les Coquettes,
Et l'art de nous y maintenir;
Que ſi quelque Beauté laſſe d'eſtre ſeuere,
A deſſein de la deuenir,
Qu'elle nous laiſſe faire.

Pour Monſieur d'Heureux, repreſentant *vne Coquette.*

AFin de paroiſtre Coquette,
Les rides ſur le front, & les cheueux tous gris,
Je radoucis mes yeux, & fais mille ſouſris :
Mais ſi quelque Galant à me parler s'arreſte,
Tout auſſi-toſt je m'apperçoy
(S'il me dit des douceurs) que ce n'eſt pas pour moy.

Pour le Sieur de Mollier, repreſentant *vn Galant.*

CHanter, galantiſer, ſont les beaux Arts que j'ayme,
Tous deux à mon genie ont beaucoup de rapport,
Quand par mon chant j'exprime vn amoureux tranſport,
Ie ſens ce que j'exprime, & parle pour moy-meſme.

Les Dames quelquefois prennent de mes Leçons ,
Par des accens flattez je sçay toucher leur ame ;
Je pousse des souspirs dont j'entretiens leur flame ,
Et souuent mes discours ne sont pas de Chansons.

Belles , donnez-moy donc vostre aymable pratique ,
Vous cognoistrez bien-tost que chantant , ou parlant ,
Ie sçay traiter l'Amour ainsi que la Musique ,
D'vn Air assez galant.

CEs Amants commancent à peine à joüir doucement de leur bonne fortune, que trois vieux Maris jaloux pressez de leur inquietude naturelle, & conduits par la messiance ordinaire aux gens de leur aage ; les contraignent de se separer, & d'éuiter par la fuite la mauuaise humeur de ces insuportables troubles-festes.

Les Sieurs Beauchamps , Donc le Cadet, & Chandoure,
represétans *les vieux Maris jaloux.*

IL n'est point de tourment plus rude ,
Que la jalouse inquietude
Que nous aymons à conseruer ,
Tout nous nuit, nous trouble & nous gesne ,
Et nous cherchons auecque peine
Ce que nous craignons de trouuer.

VIII. ENTRE'E.

LE Bassa de Natolie se réjoüissant auec ses femmes d'auoir esté nommé Bassa d'Egypte, est épouuanté de voir arriuer vn Aga , suiuy de quatre Ianissaires & de quatre Eunuques noirs & muets , qui vient de la part du Grand-Seigneur luy demander sa teste ; le bruit de son credit & de ses excessiues richesses ayant obligé sa Hautesse de prendre cette resolution : ce qui conuertit en pleurs & en desespoirs la joye que ces Femmes auoient de le voir éleué à cette nouuelle dignité.

Pour Monsieur le Marquis de Seguier, representant *le Bassa.*

MOn esprit amoureux qui pousse des soupirs
Ne murmureroit pas cotre les destinées ,
Qui dans la fleur de mes années
Viennent pour retrancher mes jours & mes plaisirs :

Ces six

Ces six charmantes Cytherées.
Ces diuines Beautez d'vn chacun adorées
Me verroient constamment suporter ce mal-heur,
Si l'on me permettoit pour charmer ma tristesse
D'aller porter mon cœur à ma belle Maistresse,
Auant que de porter ma teste au grand Seigneur.

AV MESME.

MEs amours ne sont point prophanes,
Mon esprit par l'amour d'ennuis est accablé,
Encore que ie danse auecque mes Sultanes;
Sans estre diuerty je suis toujours troublé.

On ne sçauroit troubler ma feste,
Sans cesse je suis en langueur,
Et j'apprehende peu que l'on m'oste la teste
Puis qu'Aminthe garde mon Cœur.

Vous ne pouuez auec aucun effort
Faire mourir vn Amant des-ja mort,
Depuis long-temps la Belle a mon ame rauie,
Vos ordres contre moy ne sont pas inhumains;
Allez, Illustre Aga, luy demander ma vie,
Elle est entre ses mains.

Pour les Sieurs de Mollier, Degan, Saint Fré, de Lorge,
La Marre, & Sainct André, *Femmes du Bassa.*

A L'habit bien moins qu'à l'humeur
Sans doute on jugera ces Dames estrangeres,
A constamment aymer & n'estre point legeres
Elles mettent le poinct d'honneur,
Elles enragent d'estre veufues,
En faut-il d'autres preuues ?

Pour Monsieur le Duc de Guise, representant vn Aga.

IE porte par tout la terreur,
Elle est peinte sur mon visage;
Mais en effet c'est vne erreur
D'en vouloir tirer aduantage :
Ie sçay me faire craindre, & me faire estimer;
Mais j'ay peine à me faire aymer.

Helas ! que c'eſt mal à propos
Que je voy qu'on me porte enuie :
Iris j'ay perdu le repos ,
Sans plaiſir je paſſe la vie ,
Si vous touchant le Cœur par ma tendre amitié
Ie n'attire voſtre pitié.

Mais pourquoy me dois-je affliger?
Mon mal n'eſt pas ſans eſperance ,
Mes ſoins ſçauront vous obliger
Et bannir voſtre indifference :
Et lors m'ayant fait craindre , & me ſçachant aymé
Mon eſprit en ſera charmé.

Pour Meſſieurs les Cheualiers de la Marthe , & de Fourbin , M. de Fercour, & le ſieur Raynal , repreſentant *quatre Ianiſſaires.*

CEs Janiſſaires ſont Galans
Pour le moins autant qu'ils ſont braues ,
Et n'ont pas tant à cœur de paroiſtre vaillans ,
Belles , que d'eſtre vos eſclaues.

Pour Meſſieurs de Nouion , les Cheualiers de Haute-feüille , & de Requiſſan, & le ſieur Verbec , repreſentant *des Eunuques noirs & muets.*

QVand l'on veut faire voir qu'on n'eſt pas dangereux ,
C'eſt lors que les Maris s'alarment plus en France ;
Ils ne ſe lairront pas tromper par l'apparence ,
Qui le monſtre le moins eſt creu plus amoureux :
Vouloir vous deſguiſer c'eſt vne raillerie ;
Sçachez qu'on eſt icy moins duppes qu'en Turquie.

Pour Monſieur de Nouion , repreſentant *vn Eunuque noir & muet.*

SOus ce maſque trompeur je taſche à m'introduire ,
Aſſeurant les Maris pour leurs Femmes ſeduire :
D'vn Noir incomodé l'on n'a pas de ſoupçons :
Ie ſçay me déguiſer de toutes les façons ,
Ie feins d'eſtre Muët , j'en faits mieux mon affaire ,
Vn amant eſt toujours heureux s'il ſe peut taire.

Pour M. le Cheualier de Haute-feüille, reprefentant *vn Eunuque*.

IE ne *fuis pas ce qu'on me voit paroiftre,*
Belles, en plus d'vn lieu je me fuis fait cognoiftre,
Quelques-vnes de vous ne m'ont pas trouué laict :
    Je fuis vn rude trouble fefte,
    Qui prends les hommes par la tefte,
    Et les femmes par le colet.

Pour M. le Cheualier de Requiffan, reprefentant
vn Eunuque noir.

CLarice, gardez-vous de me faire vne frafque,
Ie punis les Maris bizarres & jaloux,
Et pour me faire aymer de vous,
Ie n'ay rien qu'à leuer le Mafque.

Fin de la premiere Partie.

SECONDE PARTIE.

RECIT.

 Velques Bourgeois aduertis du mariage d'vne Vieille auec vn jeune Adolessent, s'assemblent & leur font le soir de leurs Nopces vn chariuary, dont la douceur touche agrea-blement les oreilles des Mariez & de leurs Voisins, lors que,

PREMIERE ENTRE'E.

QVatre Filoux, moins touchez du plaisir de cette harmonie que du desir de profiter d'vne si belle occasion, se saisissent de ceux qui la font; & par cette surprise vengent si bien les Mariez de cette in-terruption de leur aise, qu'ils oftent à ces railleurs jusques à la chemise.

Les Noms de ceux qui joüent au Chariuary.

De Lorge le pere, *Compositeur du Chariuary.* Martineau, Henry, Mahieux, Bouteuille, la Voisiere, Gaudon, Robau, Rousselet, Granuille, le Roy, Berangé, Iamme, Vagnard, Toury, Petigny, la Pierre, Sibert, Varin, Pietre.

Messieurs les Cheualiers de la Marthe, & de Fourbin. M. de Fercour, & le sieur Raynal, *Filoux-*

COmment? faire vn Chariuary
Pour esueiller ce beau Mary?
Bourgeois, ce procedé est bien digne de blasme :
Nous vous en payerons, & sans assassinat,
Chacun de vous bien-tost sera mis en estat
D'aller coucher auec sa femme.

Pour Monsieur le Cheualier de la Marthe, representant *vn Filoux.*

QVoy qu'indiscret je suis heureux
Dedans les larcins amoureux ;
Mais pour me tirer de la presse
Fuyant la rigueur de la Loy,
Ie faits souuent que ma Maistresse
Entre en prison au lieu de moy.

Pour M. le Cheualier de Fourbin, repreſentant *vn Filoux*.

*D*Ans noſtre meſtier le ſuccés
Ne deſpend rien que de l'adreſſe,
Chacun chez ſoy me donne accés,
Tant l'on eſt abuſé de ma feinte ſageſſe :
Je volle impunément, & de tous les Filoux
Ie ſuis le moins ſuſpect, & le pire de tous.

Pour M. de Fercour, repreſentant *vn Filoux*.

*I*E donne à tout ſans me contraindre,
Et fais ſouuent de ſi bons coups,
Que ie ſuis entre les Filoux
Vn de ceux qu'on doit le plus craindre :
Ie vais de iour, ie vais de nuict,
Et quelques fois de bonne priſe
(Sans beaucoup d'eſclat & ſans bruit)
I'oſte pour m'eſgayer juſques à la Chemiſe.

II. ENTRE'E.

*M*Ais pendant que ces Voleurs en partageant ce conſiderable bu-
tin, ſe réjoüiſſent d'vne ſi heureuſe rencontre ; leur joye finit par
l'eſpouuente que leur donne l'arriuée impreueuë
D'vn Preuoſt, & de quatre Archers qui les ſur prennent en ſorte, qu'à
peine ont-ils le temps de fauoriſer leur fuite par leur reſiſtance, contre
les coups & la force de ces vaillans & dignes defenſeurs de la ſeureté
publique.

Le ſieur Feurier, repreſentant *vn Preuoſt*.

*V*Ous me conſommez peu à peu,
Trop chaſte, & ſeuere Diane,
Comme Preuoſt ie vous condamne
A bruſler de meſme feu :
Si voſtre cœur me le pardonne,
Ie puis viure heureux deſormais,
Puiſque l'on n'appelle iamais
De la Sentence que ie donne.

Les sieurs Beauchamp, De Lorge, Degan, & Chandoure,
representant *des Archers.*

BEautez dont les traits sont si doux,
Si quelqu'vn vous a malgré vous
Enleué Chemises ou Iuppes,
Vous vous pourrez vanger en vous seruant de nous;
Si vous estes souuent les duppes des Filoux,
Les Filoux sont souuent nos duppes.

III. ENTRÉE.

VN des plus accreditez Marchand Mercier du Palais, se presente à sa
boutique & s'en va en Ville porter à son ordinaire la monstrueuse
quantité de galands, dont depuis quelque temps il a fait vn si considerable debit.

Le sieur Doliuet, representant *vn Marchand.*

CEs Galands dont la Cour admire les parures,
Ne prennent que chez moy toutes leurs garnitures,
Des rubans d'or, d'argent, de couleur des plus beaux :
J'en ay sans vanité toûjours les plus nouueaux ;
Des Marchands du Palais i'ay le plus de pratique :
I'ay l'honneur de seruir le Roy & les Seigneurs,
Ie suis riche, & ie vends vn iour en ma boutique
Plus que durant trois Mois on n'en debite ailleurs.

IV. ENTRÉE.

CE grand faiseur de reuerence à la moderne, n'est pas presque sorty
de chez luy, déja tout plain de la joye, & de l'esperance de trouuer sa duppe, qu'il tombe dans vne mortelle affliction par la douloureuse nouuelle que luy annoncent

Deux Colporteurs, qui publians & crians le dernier Edit de la reformation des habits, le contraignent de fermer Boutique, ou du moins
de se contenter desormais d'vn gain plus proportionné à son commerce
& à la mediocrité de sa condition.

Les sieurs Donc, & la Marre, representans *les Colporteurs.*

BElles aux yeux doux & brillans,
Nous ne publions rien qui vous doiue surprendre,
Ce n'est que les rubans qu'on pretend vous deffendre,
Mais l'on vous permet les galans.

Pour le sieur de la Marre, representant *vn Colporteur.*

IE vis plus retenu que ie ne le tesmoigne,
Beau sexe, & ie fais moins de bruit que de besoigne.
De tous ceux du Mestier ie suis le plus discret,
I'abhorre esgalement la Monstre & la fanfare,
Et d'vn bon Colporteur la piece la plus rare
Est celle qu'il monstre en secret.

V. ENTRE'E.

DEux Païsans & deux Païsannes, plainement satisfaits de l'abon-
dance de l'année derniere, n'oublient rien de ce qui leur peut ay-
der à gouster innocemment le plaisir d'vne si copieuse recolté.

Les sieurs Beauchamp, Raynal, Anse, & Vagnac,
representant *les Païsans & Païsannes.*

QVels bons Astres ont cette année
Richement couronnée,
De tous costez nous auons eu des fruicts;
Le Grenier, la Caue, & la Grange,
Par vn Miracle estrange,
Creuent des biens que la terre a produits,
Exempts des soins du mauuais temps,
Et de la frayeur de la guerre,
Nous pouuons dormir bien contens,
Et labourer vne autre terre.

Pour le sieur Anse, representant *vn Païsan.*

CEt adroit Païsan s'employe
A nous tesmoigner par sa ioye,
Qu'vne heureuse moisson a comblé son espoir;
Mais il sçait de ses biens faire vn si bel vsage,
Qu'il n'en peut iamais tant auoir
Qu'il n'en merite dauantage.

VI. ENTRE'E.

CEs bonnes gens n'ont presque pas commencé de sentir la douceur
de leur petite fortune, qu'ils voyent leur joye troublée par les nouueaux malheurs dont les menace la terrible arriuée
D'vn Mareschal des logis & de quelques Caualiers, venus là pour y
faire le logement, & l'estappe de trois fois autant de gens de guerre
qu'il en peut contenir dans le Village & les maisons de ces malheu-
reux.

Les ſieurs Verbec, Saint-Fré, Dupron, Mongé, & S. André,
repreſentant *vn Mareſchal des logis & quatre Caualiers.*

*Q*ve ceux qui craignent quelque outrage
Dans les lieux de noſtre paſſage
Perdent leur apprehention,
Noſtre Compagnie eſt diſcrette,
Et par tout elle ne ſouhaite
Que de viure à diſcretion.

VII. ENTRE'E.

*Q*velques Demoiſelles du Marais joüiſſant enſemble auec leurs plus
fidels confidents du fruit dé la derniere journée, ſont contraintes
de quitter cette plaiſante ſocieté, par l'arriuée de deux Commiſſaires
accompagnez de leurs Clercs, qui pour faire ceſſer les plaintes du voi-
ſinage ſont obligez de ſe tranſporter dans cette honneſte maiſon, qu'ils
trouuent abandonnée au bruit de leur venuë ; & apres auoir fait per-
quiſition des lieux, & dreſſé procés verbal de ce qui s'y rencontre de
plus conſiderable, le mettent en ſeure garde, pour le rendre s'il y eſ-
chet.

Les ſieurs Petigny, Feburier, Donc le Cadet, & Chandoure,
repreſentant *les Commiſſaires & leurs Clercs.*

*L*E ſoin du bien public fort ſouuent nous enuoye
En des lieux où toûjours nous ſommes mal receus,
Il nous fait mettre l'ordre où l'on n'en cognoiſt plus,
Et porter la Douleur où l'on cherche la ioye.

VIII. ENTRE'E.

*A*Ttabalipa Roy du Perou, ſe réjoüiſſant d'eſtre paruenu à l'Empire
apres la mort de ſon frere, n'a pas encor acheué les ceremonies
de ſon Couronnement, qu'il eſt ſurpris de la deſcente des Eſpagnols ſur
ſes terres, dont il apprend la nouuelle par trois eſpions détachez de l'ar-
mée ; qui pour mieux connoiſtre le pays & l'eſtat de ſa Cour, y paroiſ-
ſent comme amis, & ſe meſlent agreablement dans ſon diuertiſſement,
ſans autre demonſtration que celle de la joye qu'ils ont de ſe voir dans
vn pays, & parmy des gens ſi dignes de la conqueſte de leur Maiſtre &
de leur Souuerain.

Monſieur le Duc de Guiſe, *Attabalipa.*
Meſſieurs les Cheualiers de la Marthe, & de Fourbin. M. de Fercour,
& le ſieur Raynal, *Indiens.*
Les ſieurs Mollier, De Lorge, Degan, & la Marre, *Indiennes.*
Les ſieurs Beauchamp, Doliuet, & De Lorge, *Eſpagnols.*

Pour

Pour Monsieur le Duc de Guise, representant *Attabalipa.*

I'*Ay bien couru de iour, i'ay bien rodé de nuict,*
Ieune, galant, adroit, plein de magnificence,
Les Belles à l'enuy briguoient ma cognoissance;
Ainsi i'ay beaucoup fait de fracas & de bruit.
Comme Roy du Perou j'estois par tout le Maistre;
Mais quand elles taschoient de me faire paroistre
Que rien ne leur plaisoit que mon seul entretien,
Que sans nul interest l'on me faisoit caresse,
Qu'on aymoit ma Personne & non pas ma richesse,
C'est lors qu'on me faisoit passer pour Indien.

L'interest seulement tient leurs beaux yeux charmez;
Blondins, deffaites-vous d'vn erreur sans seconde,
Vous estes plus que moy de gens de l'autre monde,
Si pour estre bien-faits vous croyez d'estre aymez;
Me voyant trop instruit de leur façon de faire:
Les Dames m'ont blasmé d'auoir l'humeur legere,
Quand i'ay creu qu'il falloit preuenir leur dessein,
Dés que pour nous quitter elles nous font querelle,
Et que pour rabaisser leur fierté naturelle
Il valloit beaucoup mieux les gaigner de la main.

En pleine liberté pour viure doucement
I'ay long-temps pratiqué cet aduis salutaire;
Mais l'on n'est pas toujours en estat de le faire
Si le cruel destin en ordonne autrement.
L'Amour a de commun auecque la Fortune
Qu'enfin esgalement l'vn & l'autre importune,
Qu'ils n'accordent jamais les biens qu'ils ont offerts,
Qu'ils font voir les Plaisirs, & donnent de la peine,
Et que flattant l'esprit d'vne esperance vaine
Ils poussent bien souuent du Trosne dans les fers.

Pour M. le Cheualier de la Marthe, representant *vn Indien.*

C*Omme je n'ay point de richesse*
Que celle que l'on voit sur moy,
Ie mets depuis long-temps mes soins & mon addresse
A trouuer quelque bon employ:
Aussi quelque inconstant que l'on m'ait veu paroistre
Ie sçauray m'arrester & faire moins le fou,
Si ie puis deuenir le Maistre
De quelque Dame du Perou.

Pour M. le Cheualier de Fourbin, representant *vn Indien.*

LE Prince merueilleux à qui ie fais ma Cour,
Rend en souffrant mes soins ma gloire peu commune :
I'ay lieu de me loüer beaucoup de ma fortune ;
Il ne tiendra qu'à vous, Cloris, que quelque jour
Ie n'en die autant de l'Amour.

Pour M. de Fercour, representant *vn Indien.*

BEautez que vos rigueurs cedent à mon addresse
I'ay trouué le secret de triompher de vous,
C'est peu d'estre dispos, si l'or & la richesse
N'esbloüissent vos yeux pour les rendre plus doux.

Pour les sieurs de Molier, De Lorge, La Marre, & Degan,
representant *des Indiennes.*

IL n'est rien de plus doux que d'estre en quelque chose
Vtile au passe-temps d'vn Prince si charmant,
Quoy qu'on fasse pour luy, dans le mesme moment
On a toujours sa part des Plaisirs qu'on luy cause.

Nous quittons pour ce Prince vn opulent sejour
Nous aymons son merite, & non pas sa Couronne :
De tant que nous estions esclaues de l'Amour,
Nous quatre auons suiuy sa charmante Personne,
Et le rauissement & l'honneur de le voir,
Sont les plus grands Tresors que nous puissions auoir.

Les Sieurs Beauchamp, Doliuet, & de Lorge, representant
trois Espagnols.

PAr nos ruses les plus grands hommes
Doiuent craindre d'estre accablez,
Et dans tous les lieux où nous sommes
Les Plaisirs sont toujours troublez.

FIN DE LA MASCARADE.